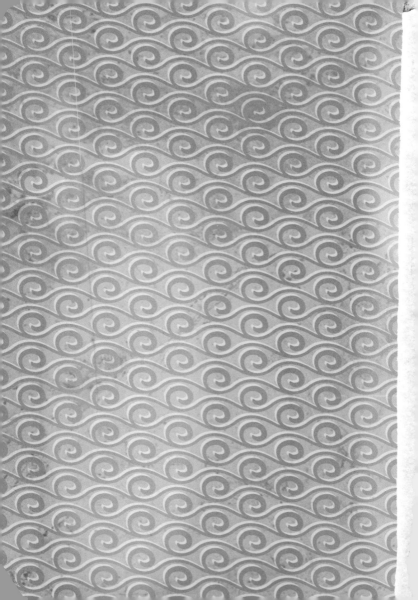

ORACIONES Y PROMESAS
para la *mujer*

BroadStreet
ESPAÑOL

CONTENIDO

Introducción

¡Es una bendición maravillosa ser hija de Dios! Puedes sentirte muy feliz al saber que Él te hizo de manera muy especial y desea una relación cercana contigo. Es por ello que pasar tiempo con su Palabra cada día te llenará de esperanza y de paz.

Oraciones y promesas para la mujer es una colección de bendiciones organizada por temas que te guían a través de lecciones sobre la belleza, la confianza, el amor, la alegría, la sabiduría, entre otras cosas. Las oraciones sinceras y las preguntas que las motivan te dan la oportunidad de pensar más profundamente acerca de las promesas que se encuentran en la Palabra de Dios.

Así que anímate y fortalécete a la vez que vives con fidelidad a Dios.

Aceptación

Todos los que el Padre me da vendrán a mí;
y al que a mí viene, no lo rechazo.

JUAN 6:37 NVI

Pero el SEÑOR le dijo a Samuel:
—No te dejes impresionar por su apariencia
ni por su estatura, pues yo lo he rechazado.
La gente se fija en las apariencias,
pero yo me fijo en el corazón.

1 SAMUEL 16:7 NVI

Si Dios está a favor de nosotros,
¿quién podrá ponerse en nuestra contra?

ROMANOS 8:31 NTV

Incluso antes de haber hecho el mundo,
Dios nos amó y nos eligió en Cristo para que
seamos santos e intachables a sus ojos.

EFESIOS 1:4 NTV

Como perfecto Padre que eres, me aceptas tal como soy. Has decidido que sea digna a través de tu Hijo.

Todas las personas son dignas de lo que eligen creer. Todas son bienvenidas.

Así como me aceptas en tu corazón, permite que el mío haga lo mismo.

¿En qué modo te ayuda a aceptar más a los demás el simple hecho de que Dios te acepte?

Alabanza

¡Aleluya! ¡Alabado sea el Señor! Alaben al Señor
desde los cielos, alábenlo desde las alturas.
Alábenlo, todos sus ángeles, alábenlo,
todos sus ejércitos. Alábenlo, sol y luna, alábenlo,
estrellas luminosas. Alábenlo ustedes, altísimos cielos,
y ustedes, las aguas que están sobre los cielos.
Sea alabado el nombre del Señor, porque él dio
una orden y todo fue creado.

Salmos 148:1-5 NVI

Pero ustedes son linaje escogido, real sacerdocio,
nación santa, pueblo que pertenece a Dios,
para que proclamen las obras maravillosas de aquel
que los llamó de las tinieblas a su luz admirable.

1 Pedro 2:9 NVI

Dios, solo tú eres digno. Alabanza, reverencia, honor, gloria, todo ello te pertenece. Con la ayuda de tu Espíritu, permíteme que te halle en todo lo bueno. Deja que toda mi adoración sea dirigida a ti. Permíteme honrar al autor de mi fe, glorificar al inventor de la gloria y alabar al Padre de la bondad. Solo tú eres digno y solo a ti adoraré.

¿Qué es algo específico por lo que puedes alabar a Dios hoy?

Alegría

Les he dicho esto para que tengan mi
alegría y así su alegría sea completa.

Juan 15:11 NVI

No estén tristes, pues el gozo del Señor
es nuestra fortaleza

Nehemías 8:10 NVI

El Señor es mi fortaleza y mi escudo;
confío en él con todo mi corazón.
Me da su ayuda y mi corazón se llena de alegría;
prorrumpo en canciones de acción de gracias.

Salmos 28:7 NTV

Alégrense siempre en el Señor. Insisto:
¡Alégrense!

Filipenses 4:4 NVI

Gracias, Dios, por la alegría. Qué maravilloso regalo, estar verdaderamente contenta a pesar de la manera en que se vean las cosas o pese a la situación en la que me encuentre. En medio de mi más profundo dolor, tú estás presente con tu alegría. Precisamente en la médula de un problema frustrado y tenaz, la alegría del Señor aparece con una inexplicable diligencia y me lleva a casa.

¿Cuál es uno de esos momentos verdaderamente alegres que has tenido hace poco?

Amabilidad

Más bien, sean bondadosos y compasivos unos
con otros, y perdónense mutuamente, así como
Dios los perdonó a ustedes en Cristo.

EFESIOS 4:32 NVI

El que es bondadoso se beneficia a sí mismo;
el que es cruel, a sí mismo se perjudica.

PROVERBIOS 11:17 NVI

¿No ves que desprecias las riquezas de la bondad de
Dios, de su tolerancia y de su paciencia, al no reconocer
que su bondad quiere llevarte al arrepentimiento?

ROMANOS 2:4 NVI

¡Grande es su amor por nosotros!
¡La fidelidad del SEÑOR es eterna!
¡Aleluya! ¡Alabado sea el SEÑOR!

SALMOS 117:2 NVI

Dios, en tu gran amor, tomaste mi frío y egoísta corazón y lo restauraste con la calidez y la compasión. Gracias por mostrarme lo mucho que hay en la vida. Gracias por los sentimientos de misericordia, gracia, generosidad y amabilidad. Gracias por los momentos en que me olvido completamente de mí misma mientras estoy absorta en ti. Gracias por las oportunidades de amar a los demás, personas con las que nunca me hubiera topado, y por señalarles la fuente de mi nuevo resplandor. Gracias por esta nueva vida con un corazón amable.

¿Cómo puedes extender la bondad a quienes te rodean hoy?

Amistad

En todo tiempo ama el amigo;
para ayudar en la adversidad nació el hermano.

PROVERBIOS 17:17 NVI

Hay quienes parecen amigos pero se
destruyen unos a otros; el amigo verdadero
se mantiene más leal que un hermano.

PROVERBIOS 18:24 NTV

No hay un amor más grande que el dar la vida por los
amigos. Ustedes son mis amigos si hacen lo que yo les
mando. Ya no los llamo esclavos, porque el amo no confía
sus asuntos a los esclavos. Ustedes ahora son mis amigos,
porque les he contado todo lo que el Padre me dijo.

JUAN 15:13-15 NTV

Así que en todo traten ustedes a los demás tal y
como quieren que ellos los traten a ustedes.

MATEO 7:12 NVI

Dios, eres un amigo extraordinariamente fiel. Nadie podría preocuparse más por mí que tú. Sé que nos diseñaste para que nos relacionáramos, por lo que deseo estar cerca de las personas; sobre todo de aquellas que te aman. Guíame a establecer relaciones que me animen a ser más como tú, a parecerme más a ti. Por favor, continúa enriqueciendo mi vida con buenos amigos.

¿Qué amigos te animan en tu relación con Dios?

Amor

Tres cosas durarán para siempre:
la fe, la esperanza y el amor;
y la mayor de las tres es el amor.

1 Corintios 13:13 ntv

Tú, Señor, eres bueno y perdonador;
grande es tu amor por todos los que te invocan.

Salmos 86:5 nvi

Sácianos de tu amor por la mañana,
y toda nuestra vida cantaremos de alegría.

Salmos 90:14 nvi

Que nunca te abandonen el amor y la verdad:
llévalos siempre alrededor de tu cuello y
escríbelos en el libro de tu corazón.

Proverbios 3:3 nvi

Dios mío, nada es más maravilloso que tu amor. La profundidad es tan vasta, me pierdo en ella, ¿y qué podría ser mejor? Desde este lugar, nadando en tu amor, es fácil amar a los demás. Ayúdame a amar como tú amas: profundamente, sin dudar ni pensar en mí misma. Sumérgeme en tu mar de amor una y otra vez, para que pueda amar como tú.

¿Cómo te ayuda el amor de Dios a amar a los demás?

Ánimo

Pues el Señor tu Dios vive en medio de ti.
Él es un poderoso salvador. Se deleitará en ti con
alegría. Con su amor calmará todos tus temores.
Se gozará por ti con cantos de alegría.

Sofonías 3:17 ntv

Más bien, mientras dure ese «hoy»,
anímense unos a otros cada día,
para que ninguno de ustedes se endurezca
por el engaño del pecado.

Hebreos 3:13 nvi

Estén alegres. Crezcan hasta alcanzar la madurez.
Anímense unos a otros. Vivan en paz y armonía.
Entonces el Dios de amor y paz estará con ustedes.

2 Corintios 13:11 ntv

Dios, tu Palabra genera mucho aliento. No importa a qué me enfrente, hay una fuente de fortaleza, consuelo y sabiduría. Debido a todo lo que has hecho por mí, tengo deseos de compartirlo y ser un estímulo para los que me rodean. Permite que sea una fuente de esperanza cuando hable de ti a otros.

¿Cómo puedes animar a alguien hoy?

Ansiedad

Al de carácter firme lo guardarás en
perfecta paz, porque en ti confía.

ISAÍAS 26:3 NVI

No dejen que el corazón se les llene de angustia;
confíen en Dios y confíen también en mí.

JUAN 14:1 NTV

Depositen en él toda ansiedad,
porque él cuida de ustedes.

1 PEDRO 5:7 NVI

Dios mío, cuando me siento angustiado,
te llamo y tú me respondes.

SALMOS 120:1 TLA

Señor, me siento ansiosa por el futuro. Trato de imaginármelo y me parece muy turbio e incierto; veo borroso todo el horizonte y lo que lo rodea. Perdona mi ansiedad. No quiero deshonrarte, confío en ti profundamente. Te entrego mis ansiedades y preocupaciones; las dejo todas en tus manos, consciente de que soy incapaz de controlarlas por mí misma.

¿Qué pasos puedes dar para ser menos ansiosa y tener más confianza?

Audacia

Y predicaba el reino de Dios y enseñaba acerca del
Señor Jesucristo sin impedimento y sin temor alguno.

HECHOS 28:31 NVI

El malvado huye aunque nadie lo persiga;
pero el justo vive confiado como un león.

PROVERBIOS 28:1 NVI

En cuanto oro, tú me respondes;
me alientas al darme fuerza.

SALMOS 138:3 NTV

Así que acerquémonos con toda confianza
al trono de la gracia de nuestro Dios.
Allí recibiremos su misericordia
y encontraremos la gracia que nos ayudará
cuando más la necesitemos.

HEBREOS 4:16 NTV

Dios creador, ¿qué hay más allá de tu capacidad? ¿Es
que acaso hay algo que no puedas hacer? Cuando me sienta
abrumada e incapaz de hacer algo, ayúdame a recordar que
no debo atemorizarme. Estamos juntos en esto, por lo que
tu grandeza hace mucho más que compensar mi pequeñez.
Cuando me falte la confianza, permite que la encuentre en
ti. Infúndeme tu habilidad para ser audaz. Si esta labor que
hago es para ti, no puedo fallar.

¿Por qué algunas veces es tan difícil ser audaz?

Ayuda

Cada uno ponga al servicio de los demás el don que haya
recibido, administrando fielmente la gracia de Dios en
sus diversas formas. El que habla, hágalo como quien
expresa las palabras mismas de Dios; el que presta algún
servicio, hágalo como quien tiene el poder de Dios. Así
Dios será en todo alabado por medio de Jesucristo.

1 PEDRO 4:10-11 NVI

Por lo tanto, mis queridos hermanos,
manténganse firmes e inconmovibles,
progresando siempre en la obra del Señor,
conscientes de que su trabajo en el Señor no es en vano.

1 CORINTIOS 15:58 NVI

Hermanos, Dios los llamó a ustedes a ser libres, pero
no usen esa libertad como pretexto para hacer lo malo.
Al contrario, ayúdense por amor los unos a los otros.

GÁLATAS 5:13 TLA

Dios, eres completamente digno de adoración, pero pasas todo el tiempo pensando en los demás. Rehazme a tu imagen. La devoción es como la dedicación a mis hermanos y a mis hermanas, por lo que quiero darte toda mi lealtad. Dame un corazón que esté completamente enfocado en ti y en las demás personas. Quita todos mis pensamientos y reemplázalos con expresiones tuyas.

Quiero servirte a ti y a los demás antes que servirme a mí misma.

¿Hay alguna manera de servir a Dios y a alguien más en este día?

Belleza

Toda tú eres hermosa, amada mía,
bella en todo sentido.

CANTARES 4:7 NTV

Que su belleza sea más bien la incorruptible,
la que procede de lo íntimo del corazón
y consiste en un espíritu suave y apacible.
Esta sí que tiene mucho valor delante de Dios.

1 PEDRO 3:4 NVI

Se reviste de fuerza y dignidad,
y afronta segura el porvenir.

PROVERBIOS 31:25 NVI

¡Gracias por hacerme tan maravillosamente complejo!
Tu fino trabajo es maravilloso, lo sé muy bien.

SALMOS 139:14 NTV

Dios, ¡tú haces cosas hermosas! Gracias por esta creación tan encantadora. Sé que a los que me aman, les parezco una belleza agregada a su mundo. Lo cual no merezco. En el espejo, veo cosas que me gustaría cambiar. Detrás de mí, con las manos descansando orgullosamente sobre mis hombros, tus ojos ven a tu hermosa y querida hija. Para ti, soy más preciosa que una puesta de sol. Soy tan encantadora como una rosa.

¿Cómo te hace sentir pensar que Dios te ve hermosa?

Bendición

Porque tú, SEÑOR, bendices a los justos;
cual escudo los rodeas con tu buena voluntad.

SALMOS 5:12 NVI

Has hecho de él manantial de bendiciones;
tu presencia lo ha llenado de alegría.

SALMOS 21:6 NVI

Jesús respondió: «Pero aún más bendito es todo el que
escucha la palabra de Dios y la pone en práctica».

LUCAS 11:28 NTV

Toda la alabanza sea para Dios, el Padre de nuestro
Señor Jesucristo, quien nos ha bendecido con toda clase
de bendiciones espirituales en los lugares celestiales,
porque estamos unidos a Cristo. Incluso antes de haber
hecho el mundo, Dios nos amó y nos eligió en Cristo
para que seamos santos e intachables a sus ojos.

EFESIOS 1:3-4 NVI

Dios, cómo te debes divertir, soñando con las bendiciones que harás que lluevan sobre tus hijos. Tu afecto por mí no está sujeto a la manera en que me comporte contigo. Por eso sigues fijando tus pensamientos en mí, aun cuando ignoro tus bendiciones con cierto egoísmo. Ayúdame a ver todo lo que me has bendecido hoy.

¿Cuáles de las bendiciones de Dios recuerdas en este día?

Bondad

Todo lo que Dios ha creado es bueno,
y nada es despreciable si se recibe
con acción de gracias.

1 Timoteo 4:4 NVI

Prueben y vean que el Señor es bueno;
¡qué alegría para los que se refugian en él!

Salmos 34:8 NTV

Por mi parte, hermanos míos,
estoy seguro de que ustedes mismos rebosan
de bondad, abundan en conocimiento y están
capacitados para instruirse unos a otros.

Romanos 15:14 NVI

Señor, gracias por tu bondad y por la seguridad que me brinda tu Palabra en cuanto a que contigo como mi pastor, la bondad me ha de seguir a dondequiera que vaya. Qué hermosa imagen, ser seguida por la bondad. Mi oración de hoy es que desacelere lo suficiente como para que tu bondad me invada.

¿En qué área de tu vida ves más la bondad de Dios?

Cambio

Les voy a contar algo que Dios tenía en secreto:
No todos moriremos, pero todos seremos transformados.

1 Corintios 15:51 tla

Él tomará nuestro débil cuerpo mortal y lo
transformará en un cuerpo glorioso, igual al de
él. Lo hará valiéndose del mismo poder con el
que pondrá todas las cosas bajo su dominio.

Filipenses 3:21 ntv

Jesucristo es el mismo ayer y hoy y por los siglos.

Hebreos 13:8 nvi

Así, todos nosotros, que con el rostro descubierto
reflejamos como en un espejo la gloria del Señor,
somos transformados a su semejanza con más y más
gloria por la acción del Señor, que es el Espíritu.

2 Corintios 3:18 nvi

Señor inmutable, qué interesante es que hayas creado un mundo en el que nada permanece igual. Solo tú eres perfecto, de manera que todo lo demás debe cambiar. El color del cielo cambia minuto a minuto e incluso las rocas más duras se desgastan con el tiempo. Tal vez lo más sorprendente de todo sea que nunca soy la misma persona al levantarme, ni siquiera me parezco a la persona que era el día anterior. Permite que todo mi crecimiento y mi cambio sean para que me parezca más a ti y ayúdame a no dejarme confundir por las cosas que cambian a mi alrededor, sabiendo que tú sigues siendo el mismo.

¿Cómo tratas tú con el cambio?

Compasión

Cuando estoy con los que son débiles, me hago débil
con ellos, porque deseo llevar a los débiles a Cristo.
Sí, con todos trato de encontrar algo que tengamos en
común, y hago todo lo posible para salvar a algunos.

1 Corintios 9:22 NTV

Ten compasión de mí, oh Dios,
conforme a tu gran amor;
conforme a tu inmensa bondad,
borra mis transgresiones.

Salmos 51:1 NVI

Alabado sea el Dios y Padre de nuestro Señor Jesucristo,
Padre misericordioso y Dios de toda consolación.

2 Corintios 1:3 NVI

Señor misericordioso, ves mi desesperación y no puedes quedarte quieto. Anhelas intervenir. En cuanto te lo pida, habrás de responderme. La compasión te mueve. ¡Muéveme, Señor! Muéstrame algo que desgarre tu corazón y deja que desgarre el mío. Permite que el dolor que sienta por los demás me inquiete y me haga sentir su sufrimiento, lista, dispuesta y hasta desesperada por hacer algo a favor de ellos.

¿Cómo puedes ser una persona más compasiva?

Confianza

Todo lo puedo en Cristo que me fortalece.

FILIPENSES 4:13 NVI

Sé tú mi roca de refugio adonde
pueda yo siempre acudir; da la orden de salvarme,
porque tú eres mi roca, mi fortaleza.
Tú, Soberano SEÑOR, has sido mi esperanza;
en ti he confiado desde mi juventud.

SALMOS 71:3, 5 NVI

Por lo tanto, no desechen la firme confianza
que tienen en el Señor. ¡Tengan presente
la gran recompensa que les traerá!

HEBREOS 10:35 NTV

Ayúdame a recordar, oh Dios, que puedo acercarme a tu
trono con confianza. Te agrada cuando paso tiempo contigo.
Saber eso me da la fuerza para mantener mi cabeza en alto y
enfrentar cada día sin vacilar. Tú eres mi confianza.

¿Cómo encuentras tu confianza?

Confiar

En ti confían los que conocen tu nombre,
porque tú, Señor,
jamás abandonas a los que te buscan.

Salmos 9:10 nvi

Pero yo, Señor, en ti confío, y digo:
«Tú eres mi Dios».
Mi vida entera está en tus manos;
líbrame de mis enemigos y perseguidores».

Salmos 31:14-15 nvi

Así es, el Señor está de mi parte;
él me ayudará;
miraré triunfante a los que me odian.
Es mejor refugiarse en el Señor
que confiar en la gente.

Salmos 118:7-8 ntv

Dios, ¿cómo es posible que siempre sepas lo que necesito? ¿Cómo es posible que nunca te canses de proveerme? Puedo contar contigo respecto a la paz y la alegría que necesito para sostenerme. ¡Qué gran confianza y qué gratitud inspira eso en mi corazón! Sé que no merezco todo lo que me das, pero eso no te impide que lo hagas. Tu provisión es tan infinita como tu amor. Gracias.

¿Cómo sabes que Dios es digno de confianza?

Contentamiento

Porque Yahveh tiene contentamiento en su pueblo;
hermoseará a los humildes con la salvación.

SALMOS 149:4 RVR1960

Ya que Dios nos hace estar felices,
dejemos de preocuparnos tanto por la vida.

ECLESIASTÉS 5:20 TLA

Sé lo que es vivir en la pobreza, y lo que es vivir en
la abundancia. He aprendido a vivir en todas y cada
una de las circunstancias, tanto a quedar saciado
como a pasar hambre, a tener de sobra como a sufrir
escasez. Todo lo puedo en Cristo que me fortalece.

FILIPENSES 4:12-13 NVI

Oh Dios de todo contentamiento, me traes tanta paz. A veces, cuando las circunstancias se me ponen difíciles, me olvido de eso; entonces quito mis ojos de ti —donde reside la paz perfecta—, y enfoco toda mi atención en el problema. Eso produce lo opuesto al contentamiento y no es, en absoluto, la forma en que deseo vivir. Permíteme descansar consciente de que tú eres bueno y que todo va a estar bien.

¿Cómo puedes decidir estar contenta con tu vida tal como es ahora?

Cortesía

Cada uno debe agradar al prójimo para su bien, con el
fin de edificarlo. Porque ni siquiera Cristo se agradó
a sí mismo, sino que, como está escrito: «Sobre
mí han recaído los insultos de tus detractores».

ROMANOS 15:2-3 NVI

No se olviden de brindar hospitalidad a los
desconocidos, porque algunos que lo han hecho,
¡han hospedado ángeles sin darse cuenta!

HEBREOS 13:2 NTV

Recuérdales a todos que deben mostrarse
obedientes y sumisos ante los gobernantes y las
autoridades. Siempre deben estar dispuestos a
hacer lo bueno: a no hablar mal de nadie, sino
a buscar la paz y ser respetuosos, demostrando
plena humildad en su trato con todo el mundo.

TITO 3:1-2 NVI

Señor, tus palabras son hermosas, dan vida e inspiran. Ojalá todas las que digo fueran iguales. Por favor, sana los corazones que he herido con mis palabras, incluido el mío. Cuando la crueldad o las críticas intenten salir de mi boca, que queden atrapadas en mi garganta. Lléname con palabras que vivifiquen y dame el deseo de compartir esas palabras con los demás.

¿Por qué es tan difícil poner las necesidades de los demás antes que las propias?

Creatividad

¡Oh Señor, cuán numerosas son tus obras!
¡Todas ellas las hiciste con sabiduría!
¡Rebosa la tierra con todas tus criaturas!

SALMOS 104:24 NVI

Pues somos la obra maestra de Dios. Él nos creó de
nuevo en Cristo Jesús, a fin de que hagamos las cosas
buenas que preparó para nosotros tiempo atrás.

EFESIOS 2:10 NTV

El Señor llenó a Bezalel del Espíritu de Dios,
y le dio gran sabiduría, capacidad y destreza
en toda clase de artes manuales y oficios.

ÉXODO 35:31 NTV

Tenemos dones diferentes, según la gracia que
se nos ha dado. Si el don de alguien es el de
profecía, que lo use en proporción con su fe.

ROMANOS 12:6 NVI

Señor, hiciste el mundo muy hermoso, atractivo y emocionante. Hiciste a las personas con mucha gracia y de manera distintiva, hiciste un gran trabajo y hasta te divertiste bastante. Ayúdame a apreciar tu creación y a reconocer que también me has dado la posibilidad de ser creativa. Quiero usar mi creatividad para tu gloria.

¿Cómo puedes usar tu creatividad para Dios?

Cuidado

No se ocupen solo de sus propios intereses, sino
también procuren interesarse en los demás.

FILIPENSES 2:4 NTV

Si alguien que posee bienes materiales ve que su
hermano está pasando necesidad, y no tiene compasión
de él, ¿cómo se puede decir que el amor de Dios habita
en él? Queridos hijos, no amemos de palabra ni de
labios para afuera, sino con hechos y de verdad.

1 JUAN 3:17-18 NVI

Porque tuve hambre, y ustedes me dieron de comer;
tuve sed, y me dieron de beber; fui forastero, y me
dieron alojamiento; necesité ropa, y me vistieron;
estuve enfermo, y me atendieron; estuve en la cárcel,
y me visitaron. El Rey les responderá: «Les aseguro
que todo lo que hicieron por uno de mis hermanos,
aun por el más pequeño, lo hicieron por mí».

MATEO 25:35-36, 40 NVI

Dios, el hecho de que decidieras estar conmigo, con todos los altibajos que sufro, es un milagro para mí. Saber que te sientes dolido cuando algo me duele a mí y que te ríes cuando estoy riendo, simplemente me conmueve. ¿Cómo puedo importarte tanto? Abro mi corazón a la bendita empatía, para poder reír y llorar con otros en su alegría y en su sufrimiento.

¿En qué modo puedes cuidar a alguien más hoy?

Culpa

Si confesamos nuestros pecados,
Dios, que es fiel y justo, nos los perdonará
y nos limpiará de toda maldad.

1 JUAN 1:9 NVI

Por cuanto el SEÑOR omnipotente me ayuda,
no seré humillado. Por eso endurecí mi rostro
como el pedernal, y sé que no seré avergonzado.

ISAÍAS 50:7 NVI

Radiantes están los que a él acuden;
jamás su rostro se cubre de vergüenza.

SALMOS 34:5 NTV

No lo he logrado, pero me concentro
únicamente en esto: olvido el pasado y fijo
la mirada en lo que tengo por delante.

FILIPENSES 3:13 NTV

Dios de la paz, ¿cómo aceptar lo que no merezco? Aunque soy culpable de muchas cosas, me liberas de todas ellas. Echas mi vergüenza al fondo del océano.

Me separas de mi culpa como el este del oeste. Gracias Padre. Eres muy bueno.

¿Por qué no quiere Dios que sientas culpa y vergüenza?

Deleite

Al encontrarme con tus palabras,
yo las devoraba; ellas eran mi gozo y la
alegría de mi corazón, porque yo llevo tu
nombre, SEÑOR Dios Todopoderoso.

JEREMÍAS 15:16 NVI

Me agrada, Dios mío, hacer tu voluntad;
tu ley la llevo dentro de mí.

SALMOS 40:8 NVI

Tus leyes son mi tesoro;
son el deleite de mi corazón.

SALMOS 119:111 NTV

Hagan brillar su luz delante de todos, para que
ellos puedan ver las buenas obras de ustedes
y alaben al Padre que está en el cielo.

MATEO 5:16 NVI

Dios del universo, ¿explícame cómo es que yo te interesa? Pienso en lo que he hecho aquí, que es pequeño e insignificante, y me asombra que me tengas tanto en cuenta. La importancia que me concedes por cuidar tan profundamente a otros me inspira a vivir una vida de mayor significado. Tu deleite en mí es inexplicable, por lo que estoy muy agradecida.

¿Qué tan difícil es para ti comprender el increíble deleite de Dios en ti?

Depresión

El Señor oye a los suyos cuando claman a él por
ayuda; los rescata de todas sus dificultades.

Salmos 34:17 ntv

¿Por qué voy a inquietarme?
¿Por qué me voy a angustiar?
En Dios pondré mi esperanza,
y todavía lo alabaré.
¡Él es mi Salvador y mi Dios!

Salmos 42:11 nvi

Pero tú, oh Señor, eres un escudo que me rodea;
eres mi gloria, el que sostiene mi cabeza en alto.

Salmos 3:3 ntv

Él nos libró del dominio de la oscuridad y
nos trasladó al reino de su amado Hijo.

Colosenses 1:13 nvi

Padre, hay días en los que solo quiero posar en tu regazo y permanecer ahí. Cuando esos días se juntan y me siento agotada, me reconforta saber que ves mi tristeza y que no deseas otra cosa más que eliminarla. No me consideras ingrata ni egoísta en esos días; solo me amas. Gracias por abrigarme con tus brazos, por la comodidad de tu abrazo y la liberación de tu alegría.

¿Puedes sentir el consuelo y la alegría de Dios en medio de la tristeza que te embarga hoy?

Devoción

Luego dijo Jesús a sus discípulos:
Si alguien quiere ser mi discípulo,
tiene que negarse a sí mismo,
tomar su cruz y seguirme.

MATEO 16:24 NVI

Nadie puede servir a dos amos. Pues odiará a uno
y amará al otro; será leal a uno y despreciará al
otro. No se puede servir a Dios y al dinero.

LUCAS 16:13 NTV

No imiten las conductas ni las costumbres de este
mundo, más bien dejen que Dios los transforme en
personas nuevas al cambiarles la manera de pensar.
Entonces aprenderán a conocer la voluntad de Dios
para ustedes, la cual es buena, agradable y perfecta.

ROMANOS 12:2 NTV

Dios, pertenezco a ti. Te adoro, por lo que quiero vivir plenamente comprometida contigo. Consciente de que Jesús dio su vida perfecta por mí, lo único que quiero hacer es honrar su sacrificio haciendo lo mismo. Sin embargo, debido a que soy débil, y aunque sé que eso es lo que quiero, no puedo hacerlo sin tu ayuda. Fortaléceme, Dios mío, de modo que viva para ti. Renuncio a todo lo que soy y a todo lo que tengo y lo rindo a tu voluntad.

¿Cómo puedes dedicar tu vida a Dios de una mejor manera?

Enojo

Refrena tu enojo, abandona la ira; no te irrites,
pues esto conduce al mal. Porque los impíos
serán exterminados, pero los que esperan
en el Señor heredarán la tierra.

Salmos 37:8-9 NVI

Mis queridos hermanos, tengan presente esto:
Todos deben estar listos para escuchar, y ser lentos
para hablar y para enojarse; pues la ira humana
no produce la vida justa que Dios quiere.

Santiago 1:19-20 NVI

Además, «no pequen al dejar que el enojo los controle».
No permitan que el sol se ponga mientras siguen enojados.

Efesios 4:26 NTV

Señor, tu Palabra me dice que tú eres lento para enojarte.
Sin embargo, no siempre puedo decir lo mismo de mí.
Confieso que son muchos los días en los que actúo de manera
insensata —con palabras fuertes, acciones apresuradas y
otras cosas— y, a veces, me aferro a mi ira por el resto del día.
No quiero ser así. Cuando sienta que la ira crezca, Señor,
permite que tu amor y tu perdón aumenten más rápido.

¿Qué significa ser rápido para escuchar y lento para hablar?

Entendimiento

Fuente de vida es la prudencia para quien la posee;
el castigo de los necios es su propia necedad.

PROVERBIOS 16:22 NVI

La enseñanza de tu palabra da luz, de modo
que hasta los simples pueden entender.

SALMOS 119:130 NTV

Dame entendimiento para seguir tu ley,
y la cumpliré de todo corazón.

SALMOS 119:34 NVI

No actúen sin pensar, más bien procuren
entender lo que el Señor quiere que hagan.

EFESIOS 5:17 NTV

Dios, ¡eres tan sabio! Siempre sabes lo que es correcto. Necesito algo de esa sabiduría para mí. Cuando confío en mi propio criterio, como lo hago muy a menudo, es fácil que me confunda. Recuérdame lo que realmente importa, Señor, mientras intento discernir entre tu voz y las demás. Tu voluntad es el sonido más dulce que conozco y saberla es todo lo que pido.

¿Cómo intentas entender la voluntad de Dios cada día?

Esperanza

Bueno es el Señor con quienes en él
confían, con todos los que lo buscan.

LAMENTACIONES 3:25 NVI

Y esta esperanza no nos defrauda,
porque Dios ha derramado su amor en nuestro
corazón por el Espíritu Santo que nos ha dado.

ROMANOS 5:5 NVI

No, el Señor se deleita en los que le temen, en los
que ponen su esperanza en su amor inagotable.

SALMOS 147:11 NTV

Que el Dios de la esperanza los llene de toda alegría
y paz a ustedes que creen en él, para que rebosen
de esperanza por el poder del Espíritu Santo.

ROMANOS 15:13 NVI

Dios, puesto que puedo confiar en ti, creo que obtendré un buen resultado en cualquier situación. La esperanza me llena mientras espero tu contestación, tu solución, tu respuesta a mis necesidades. Tu promesa convierte la impaciencia en expectativa y la espera en alegría. Gracias por el regalo de esperanza que está vivo dentro de mí.

Consciente de que Dios siempre te escucha, ¿en qué puedes tener esperanza?

Eternidad

En cambio, nosotros somos ciudadanos del cielo,
donde vive el Señor Jesucristo; y esperamos con
mucho anhelo que él regrese como nuestro Salvador.

Filipenses 3:20 ntv

Y, si me voy y se lo preparo, vendré para llevármelos
conmigo. Así ustedes estarán donde yo esté.

Juan 14:3 nvi

En un instante, en un abrir y cerrar de ojos,
al toque final de la trompeta. Pues sonará la
trompeta y los muertos resucitarán con un cuerpo
incorruptible, y nosotros seremos transformados.

1 Corintios 15:52 nvi

La bondad y el amor me seguirán todos los días de mi
vida; y en la casa del Señor habitaré para siempre.

Salmos 23:6 nvi

Señor eterno, medito en todo el trayecto de mi vida, en la eternidad tal como la conozco y sé que todo ello es solo una pequeña fracción de tiempo para ti. Es difícil de comprender y, para ser sincera, ni siquiera estoy segura de que quiera entenderlo. Aun cuando soy incapaz de ello, mi corazón sabe que será completamente satisfecho contigo porque eres bueno y absolutamente perfecto. No intentarías algo que no fuera del todo maravilloso.

¿Puedes ver la eternidad con un corazón feliz y lleno de esperanza, confiando plenamente en un Dios bueno?

Excelencia

Por último, hermanos, consideren bien todo lo
verdadero, todo lo respetable, todo lo justo,
todo lo puro, todo lo amable,
todo lo digno de admiración, en fin,
todo lo que sea excelente o merezca elogio.

FILIPENSES 4:8 NVI

Su divino poder, al darnos el conocimiento de aquel
que nos llamó por su propia gloria y excelencia,
nos ha concedido todas las cosas que necesitamos
para vivir como Dios manda.

2 PEDRO 1:3 NVI

En conclusión, ya sea que coman o beban o hagan
cualquier otra cosa, háganlo todo para la gloria de Dios.

1 CORINTIOS 10:31 NVI

Padre, sé que no me necesitas, pero te ruego que me uses. Quiero lograr grandes cosas en tu nombre. Estoy entusiasmada con el propósito que me has dado, por lo que quiero servirte y darte la gloria. Planta tu Palabra en mi corazón y dame poder para reflejar tu bondad y tu excelencia en todo lo que me pides que haga.

¿En qué áreas te gustaría ser excelente para Dios?

Estrés

Alaba, alma mía, al Señor;
alabe todo mi ser su santo nombre.
Alaba, alma mía, al Señor,
y no olvides ninguno de sus beneficios.
Él perdona todos tus pecados y sana todas tus
dolencias; él rescata tu vida del sepulcro y te
cubre de amor y compasión; él colma de bienes
tu vida y te rejuvenece como a las águilas.

Salmos 103:1-5 NVI

Pon todo lo que hagas en manos del Señor,
y tus planes tendrán éxito.

Proverbios 16:3 NTV

El Señor es refugio de los oprimidos;
es su baluarte en momentos de angustia.

Salmos 9:9 NVI

Dios sabio, ¿puedo sentarme un rato a tus pies y descansar? Me agrada la sensación de importancia que me da el estar ocupada; siento que soy necesaria, que tengo propósito y que soy capaz, pero he asumido tantas cosas que no estoy segura de que sea capaz y mi propósito se ha vuelto un poco confuso. Por eso, te pido que me des perspectiva. Necesito tomar tiempo para reponerme. Recuérdame que soy importante porque me amas, no por lo mucho que yo haga.

¿Cuándo fue la última vez que pudiste dejar a un lado el estrés y, simplemente, sentarte con Dios?

Fe

Por medio de Cristo, han llegado a confiar en Dios. Y han
puesto su fe y su esperanza en Dios, porque él levantó
a Cristo de los muertos y le dio una gloria inmensa.

1 PEDRO 1:21 NTV

Por la poca fe que tienen —les respondió—.
Les aseguro que, si tuvieran fe tan pequeña
como un grano de mostaza, podrían decirle a
esta montaña: "Trasládate de aquí para allá", y se
trasladaría. Para ustedes nada sería imposible.

MATEO 17:20 NVI

Lo que sí importa es que confiamos en Cristo,
y que esa confianza nos hace amar a los demás.

GÁLATAS 5:6 NVI

Ahora bien, la fe es la garantía de lo que se
espera, la certeza de lo que no se ve.

HEBREOS 11:1 NVI

Dios todopoderoso, nada puede superar tu capacidad, no importa cuán audaz sea. Y no importa cuán sencillo, ninguna oración sincera es indigna de tu consideración. Te deleitas en responder a nuestras fieles oraciones. Te pido un corazón lleno de fe que no dude de su respuesta.

¿Qué te da fe y esperanza en Jesús?

Fidelidad

Tu amor, Señor, llega hasta los cielos;
tu fidelidad alcanza las nubes.

Salmos 36:5 NVI

Pero el Señor es fiel, y él los fortalecerá
y los protegerá del maligno.

2 Tesalonicenses 3:3 NVI

Señor, tú eres mi Dios;
te exaltaré y alabaré tu nombre porque has
hecho maravillas. Desde tiempos antiguos
tus planes son fieles y seguros.

Isaías 25:1 NVI

La palabra del Señor es justa;
fieles son todas sus obras.

Salmos 33:4 NVI

Dios fiel. Solo quiero detenerme por un momento y considerar lo que eso significa: Dios fiel. Tú eres el perfecto, el único que merece toda mi devoción; sin embargo, estás comprometido conmigo, no importa cuántas veces te haya decepcionado. Tu grandeza no tiene límite y todos los días me beneficia.

¿Cómo has visto desempeñarse la fidelidad de Dios en tu vida?

Fortaleza

Dios es nuestro amparo y nuestra fortaleza,
nuestra ayuda segura en momentos de angustia.

Salmos 46:1 NVI

El Señor es fiel, y él los fortalecerá y
los protegerá del maligno.

2 Tesalonicenses 3:3 NVI

No tengas miedo, porque yo estoy contigo;
no te desalientes, porque yo soy tu Dios.
Te daré fuerzas y te ayudaré; te sostendré
con mi mano derecha victoriosa.

Isaías 41:10 NTV

Dios fortalece mi corazón;
él es mi herencia eterna.

Salmos 73:26 NVI

Señor, tu poder no tiene límites. Cuando reflexiono en lo ilimitado de tu fuerza y en lo infinito de tu habilidad, me asombro. Al contemplar la facilidad con la que me canso, la rapidez con la que me siento abrumada, me percato claramente de que no invoco tu poder lo suficiente. Con tu ayuda, el agotamiento no ganará. Brotará una fuente de energía en mí. Por tanto, permite que termine fuerte para poder proclamar acerca de tu provisión a todos los que escuchen.

¿Qué te hace sentir fuerte?

Generosidad

No seas mezquino, sino generoso,
y así el Señor tu Dios bendecirá todos tus
trabajos y todo lo que emprendas.

DEUTERONOMIO 15:10 NVI

Cada uno debe dar según lo que haya decidido en
su corazón, no de mala gana ni por obligación,
porque Dios ama al que da con alegría.

2 CORINTIOS 9:7 NVI

Si ayudas al pobre, le prestas al Señor,
¡y él te lo pagará!

PROVERBIOS 19:17 NTV

¡Eres tan generoso, Señor! Cuando doy con generosidad, tu bendición se derrama sobre mí. Tu alegría no solo llena mi corazón sino que reemplazas lo que regalo. Aunque sé que esto es cierto, confieso que no siempre quiero dar. ¡No dejes que esos impulsos egoístas ganen la partida! Muéveme para compartir todo lo que es mío. En todo caso, es más de lo que puedo retener.

¿Cómo te sientes cuando compartes con los demás?

Gracia

De su abundancia, todos hemos recibido
una bendición inmerecida tras otra.

JUAN 1:16 NTV

Pero él nos da mayor ayuda con su gracia.
Por eso dice la Escritura: «Dios se opone a los
orgullosos, pero da gracia a los humildes».

SANTIAGO 4:6 NVI

El pecado ya no es más su amo, porque ustedes ya
no viven bajo las exigencias de la ley. En cambio,
viven en la libertad de la gracia de Dios.

ROMANOS 6:14 NTV

Dios los salvó por su gracia cuando creyeron.
Ustedes no tienen ningún mérito en eso;
es un regalo de Dios.

EFESIOS 2:8 NTV

Dios, ¿cómo empiezo a agradecerte por tu gracia? Por definición, soy indigna, lo cual confirmo cada día; es algo muy cierto. Lo maravilloso es que me amas a pesar de lo que haga y ni siquiera tengo que pedírtela. Antes de siquiera saber que la necesito, ya me la diste. Tu gracia me abruma. Gracias.

¿Cómo es la gracia de Dios en tu vida?

Gratitud

No he dejado de dar gracias por ustedes
al recordarlos en mis oraciones.

EFESIOS 1:16 NVI

Pero el dar gracias es un sacrificio que
verdaderamente me honra; si permanecen en mi
camino, les daré a conocer la salvación de Dios.

SALMOS 50:23 NTV

Estén siempre alegres, oren sin cesar,
den gracias a Dios en toda situación, porque esta
es su voluntad para ustedes en Cristo Jesús.

1 TESALONICENSES 5:16-18 NVI

Entren por sus puertas con acción de gracias;
vengan a sus atrios con himnos de alabanza;
denle gracias, alaben su nombre.

SALMOS 100:4 NVI

Dios, tus dones son innumerables. Desde el aire en mis pulmones hasta el techo que cubre mi cabeza y cada pequeña misericordia que recibo a diario, eres un gran dador. Muchas gracias por la abundante atención que me prestas todos los días. Cualquiera sea la circunstancia, te lo agradezco.

¿Qué puedes agradecerle a Dios en este momento?

Guía

Encamíname en tu verdad, ¡enséñame!
Tú eres mi Dios y Salvador;
¡en ti pongo mi esperanza todo el día!

<small>SALMOS 25:5 NVI</small>

Escuche esto el sabio, y aumente su saber;
reciba dirección el entendido.

<small>PROVERBIOS 1:5 NVI</small>

Podemos hacer nuestros planes,
pero el SEÑOR determina nuestros pasos.

<small>PROVERBIOS 16:9 NTV</small>

Porque todos los que son guiados por el
Espíritu de Dios son hijos de Dios.

<small>ROMANOS 8:14 NVI</small>

Dios, ¡qué maravilloso es seguirte! No tengo que saber a dónde voy ni preocuparme por guiar a alguien por el camino a recorrer. Es muy seguro saber que conoces exactamente a dónde debo ir y que harás todo lo necesario para que llegue allí. Ayúdame a seguirte voluntariamente, de modo que cualquiera que me busque para que lo guíe no te extrañe tampoco.

¿Hay algo en lo que Dios pueda guiarte hoy?

Honestidad

Mantenme alejado de caminos torcidos; concédeme
las bondades de tu ley. He optado por el camino
de la fidelidad, he escogido tus juicios.

SALMOS 119:29-30 NVI

No hay nada escondido que no llegue a descubrirse,
ni nada oculto que no llegue a conocerse públicamente.

LUCAS 8:17 NVI

El rey se complace en las palabras de labios
justos; ama a quienes hablan con la verdad.

PROVERBIOS 16:13 NTV

Más bien, al vivir la verdad con amor,
creceremos hasta ser en todo como aquel
que es la cabeza, es decir, Cristo.

EFESIOS 4:15 NVI

Dios, en ti no hay engaño. No intentas engañarme ni mentirme nunca, y el único y verdadero enemigo tuyo es el padre de la mentira. Por otra parte, odio las mentiras, aunque a menudo lucho con ellas. Perdona mis falsedades y hazme lo suficientemente valiente para decir la verdad. Aun cuando pueda doler, recuérdame que las mentiras duelen mucho más.

¿Hay algo en cuanto a lo que tengas que ser honesta ahora?

Honra

A quien me sirva, mi Padre lo honrará.

JUAN 12:26 NVI

Humíllense, pues, bajo la poderosa mano de Dios,
para que él los exalte a su debido tiempo.

1 PEDRO 5:6 NVI

El que va tras la justicia y el amor halla
vida, prosperidad y honra.

PROVERBIOS 21:21 NVI

Ámense unos a otros con un afecto genuino
y deléitense al honrarse mutuamente.

ROMANOS 12:10 NTV

Dios, en todo lo que hago, lo que busco es honrarte. Sé que pocas veces hago un buen trabajo. Quiero que toda mi labor, mis esfuerzos, mis logros sean para darte gloria. Y aun en mi fracaso, permite que también te honre. Ayúdame a aceptar mis defectos con humildad y darte la gloria en todo.

¿Qué significa honrar a Dios en todo lo que hagas?

Humildad

Fue mi mano la que hizo todas estas cosas; fue
así como llegaron a existir —afirma el Señor—.
Yo estimo a los pobres y contritos de espíritu,
a los que tiemblan ante mi palabra.

Isaías 66:2 NVI

Humíllense delante del Señor, y él los exaltará.

Santiago 4:10 NVI

El orgulloso será humillado,
y el humilde será alabado.

Proverbios 29:23 TLA

Pero ya Dios les ha dicho qué es lo mejor que
pueden hacer y lo que espera de ustedes. Es muy
sencillo: Dios quiere que ustedes sean justos los
unos con los otros, que sean bondadosos con los
más débiles, y que lo adoren como su único Dios.

Miqueas 6:8 NTV

Padre, tus recompensas son muy generosas y, en comparación, las demandas que nos haces son pequeñas. Deseas la humildad y, a cambio, prometes la exaltación. Gracias por recordarme, a través de tu propia perfección, lo pequeña que soy y lo mucho que tengo que hacer para crecer. Gracias por las oportunidades que me das cada día para ganar tu rica recompensa, ya que reconozco mis propias limitaciones y, por ello, aprendo a confiar en tu grandeza.

¿Qué oportunidades te brindan la ocasión para ejercer la humildad?

Inspiración

Los preceptos del Señor son rectos:
traen alegría al corazón.
El mandamiento del Señor es claro:
da luz a los ojos.

Salmos 19:8 NVI

Tus estatutos son mi herencia permanente;
son el regocijo de mi corazón.

Salmos 119:111 NVI

Todo lo que está escrito en la Biblia es el mensaje
de Dios, y es útil para enseñar a la gente,
para ayudarla y corregirla, y para
mostrarle cómo debe vivir.

2 Timoteo 3:16 TLA

Dios maravilloso, doquiera que veo, los signos de tu inventiva, tu desempeño y tu creatividad son evidentes. A veces tomo este hermoso mundo con toda naturalidad. ¿Me inspirarás hoy? Dame una idea novedosa, una nueva perspectiva, una infusión de pasión para que mi labor sea una delicia para ambos. Sácame de la rutina, Señor, y eleva mi barbilla hacia arriba ante la docena de tonalidades azules que pintan el cielo que me cubre. Inspírame y luego envíame para que inspire a otros.

¿Cómo encuentras la inspiración?

Integridad

Yo sé, mi Dios, que tú pruebas los corazones y amas la rectitud. Por eso, con rectitud de corazón te he ofrecido voluntariamente todas estas cosas, y he visto con júbilo que tu pueblo, aquí presente, te ha traído sus ofrendas.

1 Crónicas 29:17 NVI

Entonces, si no hacen caso al más insignificante mandamiento y les enseñan a los demás a hacer lo mismo, serán llamados los más insignificantes en el reino del cielo; pero el que obedece las leyes de Dios y las enseña será llamado grande en el reino del cielo.

Mateo 5:19 NTV

Quien se conduce con integridad anda seguro; quien anda en malos pasos será descubierto.

Proverbios 10:9 NVI

Padre, no mereces nada más que lo mejor de mí. Te ofrezco mi amor, mi adoración, mi respeto. Confío en los planes que tienes con mi vida; sé que tus instrucciones son para mi bien y para tu gloria. Quiero caminar en integridad y obediencia ante ti, de modo que mi amor realmente se vea como tal y mi adoración proceda de lo correcto.

¿Admiras la integridad de alguien?

Justicia

Que el Dios de la esperanza los llene de toda alegría
y paz a ustedes que creen en él, para que rebosen
de esperanza por el poder del Espíritu Santo.

ROMANOS 12:19 NVI

Él es la Roca, sus obras son perfectas,
y todos sus caminos son justos.
Dios es fiel; no practica la injusticia.
Él es recto y justo.

DEUTERONOMIO 32:4 NVI

Yo sé que el SEÑOR hace justicia a los pobres y
defiende el derecho de los necesitados.

SALMOS 140:12 NVI

Hay alegría para los que tratan con justicia a los
demás y siempre hacen lo que es correcto.

SALMOS 106:3 NTV

Dios, tú eres el único juez. Recuérdamelo cuando me esté hundiendo bajo el peso de lo que digan los demás. Si me malinterpretan o si su evaluación es precisa, recuérdame que todo eso es irrelevante. Solo tú puedes decidir quién soy. Solo tú conoces mi corazón, Señor, y solo tú puedes cambiarlo. Ayúdame a dejar todo mi juicio en tus manos.

¿Por qué es mejor dejar que Dios sea el juez?

Libertad

Ahora bien, el Señor es el Espíritu; y, donde
está el Espíritu del Señor, allí hay libertad.

2 CORINTIOS 3:17 NVI

Les hablo así, hermanos, porque ustedes han
sido llamados a ser libres; pero no se valgan de
esa libertad para dar rienda suelta a sus pasiones.
Más bien sírvanse unos a otros con amor.

GÁLATAS 5:13 NVI

Así que, si el Hijo los hace libres,
ustedes son verdaderamente libres.

JUAN 8:36 NTV

¡Jesucristo nos ha hecho libres!
¡Él nos ha hecho libres de verdad!
Así que no abandonen esa libertad, ni
vuelvan nunca a ser esclavos de la ley.

GÁLATAS 5:1 TLA

Dios, eres el libertador de los cautivos. Cuando estoy atrapada, me brindas una salida. Tu gracia redentora abre la puerta de mi celda carcelaria y me llama a la libertad de tu amor. Gracias por sacarme de la oscuridad y por ser paciente conmigo mientras me acostumbro a la claridad.

¿Cómo te sientes estando libre de tu pecado?

Luz

Yo soy la luz del mundo. El que me sigue no andará
en tinieblas, sino que tendrá la luz de la vida.

JUAN 8:12 NVI

Ustedes son la luz del mundo, como una ciudad en
lo alto de una colina que no puede esconderse.
Nadie enciende una lámpara y luego la pone debajo
de una canasta. En cambio, la coloca en un
lugar alto donde ilumina a todos los que están
en la casa. De la misma manera, dejen que sus
buenas acciones brillen a la vista de todos,
para que todos alaben a su Padre celestial.

MATEO 5:14-16 NTV

Porque ustedes antes eran oscuridad,
pero ahora son luz en el Señor.
Vivan como hijos de luz

EFESIOS 5:8 NVI

Jesús, gracias por tu ejemplo perfecto en cuanto a cómo vivir en la luz. Me inspiras a ser una influencia positiva en mi hogar y en mi comunidad. Ayúdame a recordar que debo mantener mi lámpara firme sobre una base, ardiendo con fuerza y animando a otros para que hagan lo mismo. Permíteme vivir de una manera que atraiga a otros a ti. Deja que me vean, me escuchen y sepan que soy tuya. Permite que mi vida te glorifique.

¿Cómo puedes dejar que tu luz brille hoy?

Mansedumbre

Pónganse mi yugo. Déjenme enseñarles,
porque yo soy humilde y tierno de corazón,
y encontrarán descanso para el alma.

MATEO 11:29 NTV

Dichosos los humildes, porque recibirán
la tierra como herencia.

MATEO 5:5 NVI

La respuesta amable calma el enojo, pero
la agresiva echa leña al fuego.

PROVERBIOS 15:1 NVI

Puede tratar con paciencia a los ignorantes y extraviados,
ya que él mismo está sujeto a las debilidades humanas.

HEBREOS 5:2 NVI

Amable Padre, tu paciencia y tu ternura son mucho más que inexplicables. Quiero ser más amable con mis palabras y mis acciones. Lléname con una amabilidad que desafíe mis circunstancias para que pueda reflejar tu actitud amorosa, pese a cualquier eventualidad que se me presente.

¿Cuáles son algunos pasos que puedes dar para ser más amable?

Oración

Por la mañana, Señor, escuchas mi clamor;
por la mañana te presento mis ruegos, y
quedo a la espera de tu respuesta.

Salmos 5:3 nvi

Oren sin cesar.

1 Tesalonicenses 5:17 nvi

El Señor se mantiene lejos de los impíos,
pero escucha las oraciones de los justos.

Proverbios 15:29 nvi

Vengan, postrémonos reverentes,
doblemos la rodilla ante el Señor nuestro Hacedor.
Porque él es nuestro Dios y nosotros somos el pueblo
de su prado; ¡somos un rebaño bajo su cuidado!

Salmos 95:6-7 nvi

Señor Jesús, tú prometes hacer lo que te pida en tu nombre.
Solo mencionar tu nombre hace que mi corazón invite a
la paz y a la confianza. Siempre me estás ayudando, aun
cuando no me salgo con la mía. Orar en tu nombre es rogar
rendido al Padre, que siempre está trabajando por mi bien.
Gracias porque mi alegría suprema siempre está delante de ti.

¿Por qué puedes orar en este momento?

Paciencia

Amonesten a los holgazanes, estimulen
a los desanimados, ayuden a los débiles
y sean pacientes con todos.

1 TESALONICENSES 5:14, NVI

No sean perezosos; más bien, imiten a quienes
por su fe y paciencia heredan las promesas.

HEBREOS 6:12 NVI

Siempre humildes y amables, pacientes,
tolerantes unos con otros en amor.

EFESIOS 4:2 NVI

El que es paciente muestra gran discernimiento;
el que es agresivo muestra mucha insensatez.

PROVERBIOS 14:29 NVI

Dios, ¡qué difícil es esperar! Busco la fila más corta en la tienda y el carril de tránsito más rápido; luego acudo a ti y te pido las soluciones adecuadas para todos mis problemas. Cuando no respondes de inmediato, me embarga la duda. Fortalece mi corazón con paciencia, valor y firmeza mientras espero la solución perfecta. Confío en tu plan y me alegra saber que todo estará bien.

¿Cómo puedes mostrar más paciencia?

Paz

Yo les he dicho estas cosas para que en mí hallen
paz. En este mundo afrontarán aflicciones,
pero ¡anímense! Yo he vencido al mundo.

<small>JUAN 16:33 NVI</small>

El SEÑOR fortalece a su pueblo;
el SEÑOR bendice a su pueblo con la paz.

<small>SALMOS 29:11 NVI</small>

Que el Señor de paz les conceda su paz siempre
y en todas las circunstancias.
El Señor sea con todos ustedes.

<small>2 TESALONICENSES 3:16 NVI</small>

Les dejo un regalo: paz en la mente y en el corazón.
Y la paz que yo doy es un regalo que el mundo no
puede dar. Así que no se angustien ni tengan miedo.

<small>JUAN 14:27 NTV</small>

Señor de la paz, gracias por ser la fuente de este obsequio tan preciado y misterioso. Tu paz me tranquiliza a pesar de las tormentas de dificultades. Incluso cuando la ansiedad parece tener un control mortal, tu paz me atrae hacia ti. Estoy muy agradecida por tu paz.

¿Cómo es la paz para ti?

Pérdida

Los que siembran con lágrimas
cosecharán con gritos de alegría.

Salmos 126:5 NTV

Que sea tu gran amor mi consuelo, conforme
a la promesa que hiciste a tu siervo.

Salmos 119:76 NVI

Vengan a mí todos ustedes que están cansados y
agobiados, y yo les daré descanso. Carguen con mi
yugo y aprendan de mí, pues yo soy apacible y humilde
de corazón, y encontrarán descanso para su alma.

Mateo 11:28-29 NVI

Que se levanten todos los valles, y se allanen
todos los montes y colinas; que el terreno
escabroso se nivele y se alisen las quebradas.

Isaías 40:4 NVI

Dios, gracias por tu constancia. La pérdida hace que me sienta desubicada; el dolor es como una montaña sin camino conocido. El camino parece muy incierto, el terreno no es explorable. Me temo que si levanto la cabeza, caeré por la orilla. Pero luego recuerdo tu promesa y alzo mis ojos. Estás aquí, justo donde siempre has estado, creando un nuevo camino para mí. Paso a paso, día a día, mantengo mis ojos fijos en lo que no puedo perder. Gracias por tu amor inmutable.

*¿Le pides ayuda a Dios cuando
necesitas su consuelo?*

Perdón

Porque, si perdonan a otros sus ofensas,
también los perdonará a ustedes su Padre celestial.

<small>MATEO 6:14 NVI</small>

De modo que se toleren unos a otros y se perdonen
si alguno tiene queja contra otro. Así como el Señor
los perdonó, perdonen también ustedes.

<small>COLOSENSES 3:13 NVI</small>

Si confesamos nuestros pecados,
Dios, que es fiel y justo, nos los perdonará
y nos limpiará de toda maldad.

<small>1 JUAN 1:9 NVI</small>

En él tenemos la redención mediante su sangre,
el perdón de nuestros pecados,
conforme a las riquezas de la gracia.

<small>EFESIOS 1:7 NVI</small>

Inmaculado y perfecto Señor, has perdonado cada uno de los errores que he cometido. Con un corazón tan proclive al perdón, cuánto debe entristecerme el guardar rencor o nutrir mi ira. ¿Me ayudarás? Ayúdame a perdonar, para que pueda ser perdonada.

¿A quién necesitas extenderle
el perdón hoy?

Perseverancia

Corran, pues, de tal modo que lo obtengan.
Todos los deportistas se entrenan con mucha
disciplina. Ellos lo hacen para obtener un
premio que se echa a perder; nosotros, en
cambio, por uno que dura para siempre.

1 CORINTIOS 9:24-25 NVI

Me esforcé tanto por encontrarte;
no permitas que me aleje de tus mandatos.

SALMOS 119:10 NTV

He peleado la buena batalla, he terminado la carrera,
me he mantenido en la fe.

2 TIMOTEO 4:7 NVI

No nos cansemos de hacer el bien,
porque a su debido tiempo cosecharemos
si no nos damos por vencidos

GÁLATAS 6:9 NVI

Dios, muéstrame dónde puedo ser de utilidad y lléname con una energía que no se desvanezca, aun cuando me encuentre con dolores musculares, deseos competitivos o receptores ingratos. Sé que estás presente, en medio de todo esto, pero no quiero perder la oportunidad de reunirme contigo. Ayúdame a perseverar en todo lo que me has llamado.

¿A qué sientes que Dios te llama a perseverar en este momento?

Preocupación

Encomienda al Señor tus afanes,
y él te sostendrá; no permitirá que el justo
caiga y quede abatido para siempre.

Salmos 55:22 nvi

¿Quién de ustedes, por mucho que se preocupe,
puede añadir una sola hora al curso de su vida?

Lucas 12:25 nvi

La angustia abate el corazón del hombre,
pero una palabra amable lo alegra.

Proverbios 12:25 nvi

No se preocupen por nada. Más bien, oren y pídanle
a Dios todo lo que necesiten, y sean agradecidos. Así
Dios les dará su paz, esa paz que la gente de este mundo
no alcanza a comprender, pero que protege el corazón
y el entendimiento de los que ya son de Cristo.

Filipenses 4:6-7 tla

Dios bondadoso, gracias a ti, no necesito aferrarme a la preocupación. Cada vez que brota en mí, puedo acudir a ti con mis problemas y poner mis cargas a tus pies, puesto que prometes ayudarme. Aunque no cambies mis circunstancias, me das tu paz para que pueda soportar. Lléname ahora con esa paz. Reemplaza mi preocupación con la seguridad de tu provisión.

¿Qué preocupaciones puedes entregarle a Dios hoy?

Propósito

Porque yo sé muy bien los planes que tengo para ustedes —afirma el Señor—, planes de bienestar y no de calamidad, a fin de darles un futuro y una esperanza.

JEREMÍAS 29:11 NVI

Ahora bien, sabemos que Dios dispone todas las cosas para el bien de quienes lo aman, los que han sido llamados de acuerdo con su propósito.

ROMANOS 8:28 NVI

Hijo mío, atiende a mis consejos;
escucha atentamente lo que digo.
No pierdas de vista mis palabras;
guárdalas muy dentro de tu corazón.

PROVERBIOS 4:20-21 NVI

*Antes que siquiera fuera concebida, ya pensabas en
mí. Señor de toda la creación, pasaste algún tiempo
considerando quién sería yo y qué propósito cumpliría en tu
reino. Me pregunto cómo puedo estar a la altura de la versión
que diseñaste para mí. Soy débil, imperfecta, muy humana.
Pero no depende de mí, ¿verdad? Mi fuerza proviene de ti. Mis
dones, talentos, pasiones y propósitos proceden todos de ti.
Hoy te ofrezco mi fe, es tuya también.*

¿Cómo te sientes cuando piensas que Dios tiene un propósito especial con tu vida?

Protección

Es mi Dios, el peñasco en que me refugio.
Es mi escudo, el poder que me salva,
¡mi más alto escondite! Él es mi protector y mi
salvador. ¡Tú me salvaste de la violencia!

2 Samuel 22:3 NVI

El Señor te protegerá; de todo mal protegerá
tu vida. El Señor te cuidará en el hogar y en
el camino, desde ahora y para siempre.

Salmos 121:7-8 NVI

Nos vemos atribulados en todo, pero no abatidos;
perplejos, pero no desesperados;
perseguidos, pero no abandonados;
derribados, pero no destruidos.

2 Corintios 4:8-9 NVI

Dios poderoso, ¿qué lucha es demasiado grande para ti?
Nada puede derrotarte: ningún plan, ningún arma, nada.
Aunque conozco tu gran poder, a menudo trato de pelear mis
propias batallas. Pero hoy no quiero jugar, Dios. Así que dejo
mis armas, me refugio en tu paz y te pido que te encargues de
todo. Gracias por tu protección.

¿Cuán difícil es para ti dejar tu plan de batalla y permitir que Dios sea tu protector?

Recompensa

Hagan lo que hagan, trabajen de buena gana, como
para el Señor y no como para nadie en este mundo,
conscientes de que el Señor los recompensará con
la herencia. Ustedes sirven a Cristo el Señor.

COLOSENSES 3:23-24 NTV

Ustedes, por el contrario, amen a sus enemigos,
háganles bien y denles prestado sin esperar nada
a cambio. Así tendrán una gran recompensa
y serán hijos del Altísimo, porque él es
bondadoso con los ingratos y malvados.

LUCAS 6:35 NVI

En realidad, sin fe es imposible agradar a Dios,
ya que cualquiera que se acerca a Dios tiene que creer
que él existe y que recompensa a quienes lo buscan.

HEBREOS 11:6 NVI

Dios, aun cuando perdí la esperanza en mis circunstancias y no tengo fe en mi situación, gracias porque siempre puedo confiar en tu propósito y en tus promesas. Cuando solo vislumbro la recompensa que se avecina —y echo un vistazo a la belleza que me depara el futuro—, toda mi esperanza se restaura.

¿Cómo te hace sentir saber que Dios te recompensará por tu diligencia?

Respeto

Den a todos el debido respeto:
amen a los hermanos, teman a Dios,
respeten al rey.

1 PEDRO 2:17 NVI

Obedezcan a sus dirigentes y sométanse a ellos,
pues cuidan de ustedes como quienes tienen que
rendir cuentas. Obedézcanlos a fin de que ellos
cumplan su tarea con alegría y sin quejarse, pues
el quejarse no les trae ningún provecho.

HEBREOS 13:17 NVI

Considerados con los que trabajan arduamente
entre ustedes, y los guían y amonestan en el Señor.
Ténganlos en alta estima, y ámenlos por el trabajo
que hacen. Vivan en paz unos con otros.

1 TESALONICENSES 5:12-13 NVI

Dios, nada merece más respeto que tú. Sabemos respetar
al poder del océano o al de la tormenta, pero no honramos
a quien hizo ambas cosas, a quien les dice a los elementos
hasta dónde deben llegar. Te mereces todo mi respeto, todo mi
amor, todos mis elogios. Quiero ser una mujer que te respete a
ti y a todos los que pongas como autoridad sobre mí.

¿Cómo les muestras respeto a las figuras de autoridad?

Sabiduría

Pues la sabiduría entrará en tu corazón,
y el conocimiento te llenará de alegría.
Las decisiones sabias te protegerán;
el entendimiento te mantendrá a salvo.
La sabiduría te salvará de la gente mala,
de los que hablan con palabras retorcidas.

PROVERBIOS 2:10-12 NTV

La sabiduría protege, y el dinero también,
pero la sabiduría nos permite llegar a viejos.

ECLESIASTÉS 7:12 NTV

Si a alguno de ustedes le falta sabiduría,
pídasela a Dios, y él se la dará, pues Dios da a todos
generosamente sin menospreciar a nadie.

SANTIAGO 1:5 NVI

Dios sabio y maravilloso, ¿por qué busco respuestas en otra parte? ¿Quién, además de ti, me conoce tan bien y me ama tan completamente? Tengo muchas preguntas, pero tú tienes todas las respuestas. Busco conocimiento, bondad y verdad; tú eres todas esas cosas. Concédeme mi propia sabiduría. Oro, especialmente, para que ella vaya adelante y siempre se dirija a ti: la única fuente verdadera de sabiduría.

¿Cómo puedes usar la sabiduría de Dios para tomar mejores decisiones?

Salud

Panal de miel son las palabras amables:
endulzan la vida y dan salud al cuerpo.

PROVERBIOS 16:24 NVI

No seas sabio en tu propia opinión;
más bien, teme al SEÑOR y huye del mal.
Esto infundirá salud a tu cuerpo
y fortalecerá tu ser.

PROVERBIOS 3:7-8 NVI

Jamás me olvidaré de tus preceptos,
pues con ellos me has dado vida.

SALMOS 119:93 NVI

Gran remedio es el corazón alegre,
pero el ánimo decaído seca los huesos.

PROVERBIOS 17:22 NVI

Sanador, ¡te necesito! Sé lo que puedes hacer; lo he leído y lo he visto. Hoy, reclamo tu sanidad. Tú conoces mi necesidad. El quebrantamiento en cuerpo y espíritu por el que oro no es una noticia para ti. Estás íntimamente involucrado, esperando para intervenir. Te creo, Señor. Sé que puedes curarme. Pido audazmente esa curación hoy.

¿Qué crees que Dios te está sanando en este momento?

Salvación

Pues Dios amó tanto al mundo que dio a su
único Hijo, para que todo el que crea en él no
se pierda, sino que tenga vida eterna.

Juan 3:16 ntv

Porque la paga del pecado es muerte,
mientras que la dádiva de Dios es vida
eterna en Cristo Jesús, nuestro Señor.

Romanos 6:23 nvi

Porque por gracia ustedes han sido salvados
mediante la fe; esto no procede de ustedes,
sino que es el regalo de Dios.

Efesios 2:8 nvi

Si declaras abiertamente que Jesús es el
Señor y crees en tu corazón que Dios lo
levantó de los muertos, serás salvo.

Romanos 10:9 ntv

Dios, que nunca deje de maravillarme la hermosa verdad de la salvación. Que me sorprenda por siempre el hecho de que sacrificaste a tu Hijo perfecto, a tu muy amado, por mí. Has hecho eso tan fácil, Padre. Que solo una cosa me pides: creer. ¿Cómo puede ser ese el único precio? Es muy bueno. Eres muy bueno. Te alabo por mi salvación.

¿Cómo respondes al mensaje de salvación?

Seguridad

Todo mortal es como la hierba, y toda su gloria como
la flor del campo; la hierba se seca y la flor se cae,
pero la palabra del Señor permanece para siempre.

1 PEDRO 1:24-25 NVI

Toda buena dádiva y todo don perfecto descienden
de lo alto, donde está el Padre que creó las
lumbreras celestes, y que no cambia como los
astros ni se mueve como las sombras.

SANTIAGO 1:17 NVI

Tú, SEÑOR, también estás cerca,
y todos tus mandamientos son verdad.
Desde hace mucho conozco tus estatutos,
los cuales estableciste para siempre.

SALMOS 119:151-152 NVI

Dios fiel, tu seguridad es firme. Por eso edifico mi vida sobre su cimiento. Solo mi gratitud por tu inquebrantable compromiso conmigo me dio la misma fidelidad con los demás. Permíteme ser confiable como lo eres tú, comprometido al igual que tú. Ayúdame a ser confiable y seguro.

¿Cómo te hace sentir saber que puedes confiar en Dios en cuanto a todo?

Servicio

Les he enseñado que deben trabajar y ayudar a los que
nada tienen. Recuerden lo que nos dijo el Señor Jesús:
«Dios bendice más al que da que al que recibe».

HECHOS 20:35 TLA

¿Quién es más importante, el que está a la mesa o el
que sirve? ¿No lo es el que está sentado a la mesa? Sin
embargo, yo estoy entre ustedes como uno que sirve.

LUCAS 22:27 NVI

Ayuden a los hermanos necesitados.
Practiquen la hospitalidad.

ROMANOS 12:13 NVI

Lanza tu pan sobre el agua; después de algún
tiempo volverás a encontrarlo. Comparte lo que
tienes entre siete, y aun entre ocho, pues no sabes
qué calamidad pueda venir sobre la tierra.

ECLESIASTÉS 11:1-2 NVI

Dios siempre presente, estás por encima, por debajo y alrededor de todos los que te llaman Señor. Esta unión contigo nos conecta entre todos. Dame la alegría de mi hermano, el dolor de mi hermana y la confusión de mi amigo. Permíteme estar con ellos en completo acuerdo y reunirme contigo allí. Ayúdame a sentir lo que sientes por las personas y extiende tu mano de ayuda en lo que yo pueda contribuir.

¿Qué es algo útil que podrías hacer por alguien hoy?

Soledad

Enséñenles a obedecer todo lo que yo les he enseñado.
Yo estaré siempre con ustedes, hasta el fin del mundo.

MATEO 28:20 TLA

El Señor está cerca de todos los que lo invocan,
sí, de todos los que lo invocan de verdad.

SALMOS 145:18 NTV

Aunque mi padre y mi madre me abandonen,
el Señor me recibirá en sus brazos.

SALMOS 27:10 NVI

Sean fuertes y valientes.
No teman ni se asusten ante esas naciones,
pues el Señor su Dios siempre los acompañará;
nunca los dejará ni los abandonará.

DEUTERONOMIO 31:6 NVI

¡Qué asombroso es recordar que no estoy sola nunca!
Eres mi compañero constante. Siempre estás presente para
ayudarme, guiarme y consolarme. Solo tú puedes quitar el
dolor de la soledad, Señor. Cuanto más cerca camino de ti,
más plena se vuelve mi vida.

*Cuando te sientes sola, ¿puedes
recurrir a Dios y pedirle que
te rodee con su presencia?*

Temor

Porque el Espíritu de Dios no nos hace cobardes.
Al contrario, nos da poder para amar a los demás,
y nos fortalece para que podamos vivir una
buena vida cristiana.

2 Timoteo 1:7 NTV

El Señor es mi luz y mi salvación;
¿a quién temeré? El Señor es el baluarte de
mi vida; ¿quién podrá amedrentarme?

Salmos 27:1 NVI

Pero cuando tenga miedo,
en ti pondré mi confianza.
Alabo a Dios por lo que ha prometido.
En Dios confío, ¿por qué habría de tener miedo?
¿Qué pueden hacerme unos simples mortales?

Salmos 56:3-4 NTV

Dios fiel, contigo no tengo necesidad de temer. Sin embargo, todavía mantengo esa lucha. El temor se siente como algo vivo. Entra y se apodera de mis pensamientos, mintiéndome y tratando de convencerme de que no puedo confiar en ti para que me salves. Pero tú estás cerca. Solo necesito pronunciar tu nombre y el miedo se retirará. Gracias, Jesús, por el poder salvador de tu nombre.

¿Qué temores le puedes entregar a Dios en este momento?

Tentación

Las tentaciones que enfrentan en su vida
no son distintas de las que otros atraviesan.
Y Dios es fiel; no permitirá que la tentación
sea mayor de lo que puedan soportar.
Cuando sean tentados, él les mostrará una
salida, para que puedan resistir.

1 CORINTIOS 10:13 NTV

Estén alerta y oren para que no caigan en tentación.
El espíritu está dispuesto, pero el cuerpo es débil.

MATEO 26:41 NVI

He guardado tu palabra en mi corazón,
para no pecar contra ti.

SALMOS 119:11 NTV

Dios, hay mucho mal en este mundo. Cada día, un nuevo peligro, desastre o modalidad de depravación conspira para sacarme de la paz que vivo contigo. Es tentador ceder, lo que algunas veces hago. Pero esta no es tu manera, la única en la que quiero vivir. Llévame a tu paz perfecta, a ese lugar donde ninguna de las tentaciones me puede tocar.

¿De qué tentaciones necesitas ser librada a partir de hoy?

Valentía

Por último, fortalézcanse con el gran poder del
Señor. Pónganse toda la armadura de Dios para que
puedan hacer frente a las artimañas del diablo.

EFESIOS 6:10-11 NVI

Estén alerta. Permanezcan firmes en la fe.
Sean valientes. Sean fuertes.
Y hagan todo con amor.

1 CORINTIOS 16:13-14 NTV

Aun si voy por valles tenebrosos, no temo
peligro alguno porque tú estás a mi lado;
tu vara de pastor me reconforta.

SALMOS 23:4 NVI

Mi mandato es: "¡Sé fuerte y valiente! No tengas
miedo ni te desanimes, porque el SEÑOR tu
Dios está contigo dondequiera que vayas".

JOSUÉ 1:9 NTV

Dios, que proporcionas toda valentía, siento que vuelvo a este pozo una y otra vez. Qué agradecida estoy por tu interminable fuente de valentía. Cómo la pasaría sin ella. Me anima mucho tu presencia. Contigo, puedo enfrentar cualquier cosa; no tengo nada que temer.

¿Cuándo fue la última vez que le pediste valentía a Dios?

Verdad

Pero, cuando venga el Espíritu de la
verdad, él los guiará a toda la verdad.

JUAN 16:13 NVI

La esencia misma de tus palabras es verdad;
tus justas ordenanzas permanecerán para siempre.

SALMOS 119:160 NTV

Si se mantienen fieles a mis enseñanzas,
serán realmente mis discípulos; y conocerán
la verdad, y la verdad los hará libres.

JUAN 8:31-32 NVI

Instrúyeme, SEÑOR, en tu camino para
conducirme con fidelidad. Dame integridad
de corazón para temer tu nombre.

SALMOS 86:11 NVI

Dios, tú eres la verdad. Todo lo que has dicho o hecho es honorable, correcto y piadoso. Porque eres la verdad, quiero valorarla como te valoro a ti. Señala las mentiras que me digo y reemplázalas con la verdad. Detenme antes de que una palabra impúdica salga de mi boca y bríndame la manera más amorosa de decir lo que es verdad. A partir de este momento, permite que ame la verdad.

¿Qué pasos puedes dar para ser más franca en tu vida diaria?

Victoria

Se alista al caballo para el día de la batalla,
pero la victoria depende del Señor.

PROVERBIOS 21:31 NVI

Pues todo hijo de Dios vence a este mundo de maldad,
y logramos esa victoria por medio de nuestra fe.

1 JUAN 5:4 NTV

Tuya es, Señor, la salvación;
¡envía tu bendición sobre tu pueblo!

SALMOS 3:8 NVI

El Señor tu Dios está contigo; él peleará en favor
tuyo y te dará la victoria sobre tus enemigos.

DEUTERONOMIO 20:4 NVI

Señor, tú siempre estás conmigo. Cualquier cosa que amenace mi alegría es enemiga de ti, lo que significa que no puede hacer nada. Gracias por estar al frente de cada batalla que enfrento. Gracias por tu paciencia y tierna seguridad de que la batalla ya está ganada. La victoria es mía.

¡Ganarás si Jesús está contigo!
¿Puedes pensar en la última
victoria que experimentaste?

Vida

Que toda la alabanza sea para Dios,
el Padre de nuestro Señor Jesucristo.
Es por su gran misericordia que hemos nacido
de nuevo, porque Dios levantó a Jesucristo de los
muertos. Ahora vivimos con gran expectación.

1 PEDRO 1:3 NTV

Nuestra esperanza es la vida eterna, la cual Dios,
que no miente, ya había prometido
antes de la creación.

TITO 1:2 NVI

—Yo soy el camino, la verdad y la vida —le contestó
Jesús—. Nadie llega al Padre sino por mí.

JUAN 14:6 NVI

Gracias Dios, por la promesa de la vida eterna que pasaré contigo. Me has bendecido con tantas cosas buenas en esta vida y lo mejor es que hay muchas más por venir. Con cada respiración, me percato de tu misericordia. Vivo porque tú deseas que viva.

Ayúdame a glorificarte y a honrarte con todo mi ser.

¿Cuál es tu parte favorita de la vida?

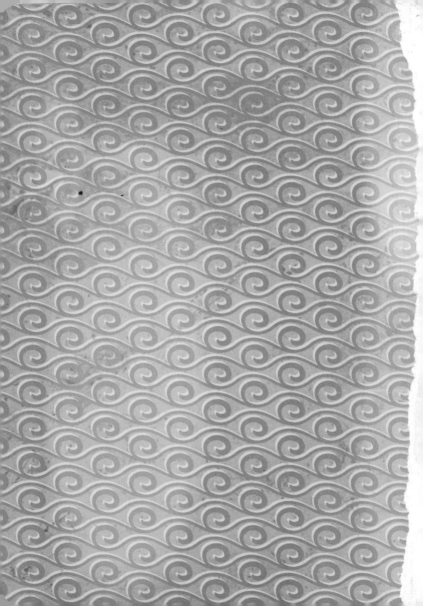